4–7 Jahre

Das Buch zum Erfolgsfilm

Nur mit original tiptoi® Stift spielbar

Disney

DIE EISKÖNIGIN
VÖLLIG UNVERFROREN

tiptoi® Das spielerische Lernsystem

Ravensburger

Der Unfall

Die bunten Polarlichter leuchten durch die Fenster des Schlosses. Anna kann nicht schlafen. Viel lieber möchte sie mit Elsa einen Schneemann bauen. Gemeinsam laufen die Schwestern in die Halle und Elsa beginnt für Anna zu zaubern. Plötzlich fallen dicke Schneeflocken von der Decke und der Boden gefriert zu Eis. Bald funkelt die Halle wie mit Diamanten übersät. Doch dann passiert ein verhängnisvoller Unfall.

Anna überredet Elsa, mit ihr einen Schneemann zu bauen.

Elsa erschafft für Anna den Schneemann Olaf.

Elsa zaubert Schneehügel und gemeinsam toben die Schwestern durch die Halle.

Anna wurde von einem Eisstrahl getroffen und ist verletzt!

Grand Pabbie heilt Anna und nimmt ihr die Erinnerungen.

Anna

Elsa

Kristoff und Rentier Sven

Die Trolle

Elsas Kräfte werden stärker

Das Schloss wird für Gäste verschlossen. Niemand darf die Königsfamilie besuchen. Elsa ist oft allein in ihrem Zimmer. Wenn niemand in ihrer Nähe ist, kann sie auch niemandem mit ihren magischen Kräften schaden. Doch sie ist sehr traurig, weil sie nicht mehr mit Anna spielen kann. Auch Anna vermisst ihre Schwester sehr.

Anna versucht Elsa zum Spielen zu überreden …

… aber Elsa öffnet die Tür nicht.

Elsa bekommt Handschuhe zu ihrem Schutz.

Aus Angst ihre Eltern zu verletzen, fasst Elsa sie nicht mehr an.

Anna verabschiedet ihre Eltern, die eine große Reise antreten müssen.

Die Tore werden geöffnet

Elsa ist jetzt alt genug, um zur Königin gekrönt zu werden. Für das Fest werden die Tore geöffnet. Die Bewohner von Arendelle strömen auf die Straße und von weit her reisen Gäste an. Unter ihnen ist auch der Herzog von Pitzbühl mit seinen Leibwächtern. Elsa ist schrecklich aufgeregt. Wird sie ihre magischen Kräfte kontrollieren können?

Die Gäste aus aller Welt erreichen nach und nach das Schloss.

Kristoff

Hans

Auch Kristoff ist mit seinem Rentier am Tag von Elsas Krönung nach Arendelle gekommen.

Anna freut sich sehr auf das Krönungsfest.

Prinzessin Anna von Arendelle trifft Prinz Hans von den Südlichen Inseln.

Anna verpasst um ein Haar den Beginn der Krönungsfeier.

Elsa ist jetzt die Königin von Arendelle.

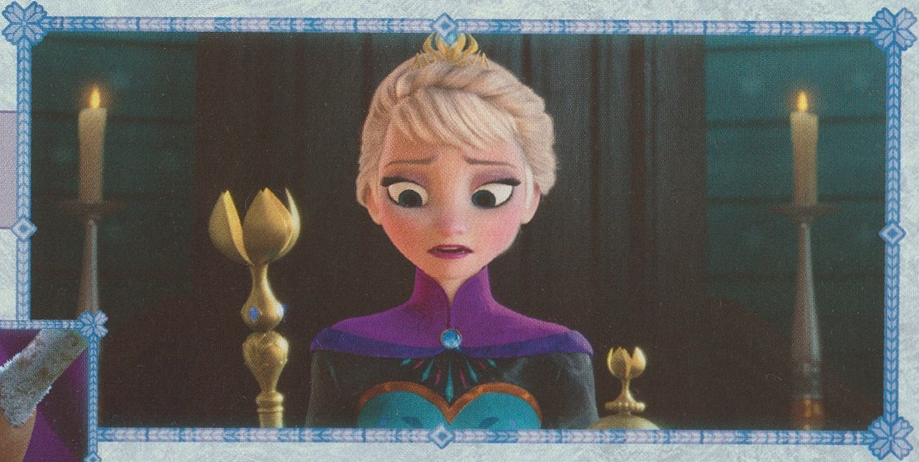

Das Krönungsfest

Elsa ist die neue Königin von Arendelle! Das Krönungsfest ist in vollem Gange. Der Ballsaal ist voll und die Gäste feiern ausgelassen. Auch Anna und Hans haben viel Spaß, schon bald verlassen sie aber den Saal, weil sie Zeit zu zweit verbringen wollen.

Die Schwestern sprechen seit langer Zeit endlich wieder miteinander.

Herzog von Pitzbühl stellt sich vor.

Anna versteht nicht, wieso Elsa trotz der schönen Feier so abweisend ist.

Hans und Anna mögen sich sehr.

Hans will Anna heiraten.

Im Streit hält Anna ihre Schwester fest und zieht ihr einen Handschuh aus.

Elsa zaubert eine Mauer aus Eis um sich.

ELSAS FLUCHT

Elsas Kräfte sind außer Kontrolle geraten. Alles was sie berührt, wird zu Eis. Auf der Krönungsfeier fühlt sie sich von den vielen Menschen so bedrängt, dass sie flieht. Elsa läuft über das gefrorene Meer. Sie will hinauf in die Berge, um niemanden mehr zu verletzen. Anna zögert keine Sekunde und folgt ihr sofort.

Die Menschen in Arendelle haben Angst vor Elsa …

… und Elsa hat Angst davor, in Arendelle zu bleiben.

Anna beschließt, Elsa zu folgen.

Anna kämpft sich durch die Schneelandschaft.

Oaken

Anna trifft auf Kristoff.

Anna hat eine Idee …

… Kristoff soll sie zum Nordberg bringen.

Anna und Kristoff fliehen vor dem Rudel Wölfe.

In der Winterwunderwelt

Elsa hat eine wunderschöne Winterlandschaft gezaubert. Der Schnee bedeckt die Bäume wie eine weiche, weiße Decke. Eiskristalle hängen von den Ästen und glitzern geheimnisvoll. So sieht jeder Baum aus, als hätte er einen funkelnden Vorhang. Anna hätte nie gedacht, dass der Winter so schön sein kann.

Olaf

Anna trifft Olaf wieder.

Hans will Anna retten und sucht Freiwillige, die ihn begleiten.

Kristoff, Olaf und Anna haben die Treppe zu Elsas Palast gefunden.

Elsa erfährt, dass in Arendelle Winter ist.

Eiskönigin Elsa

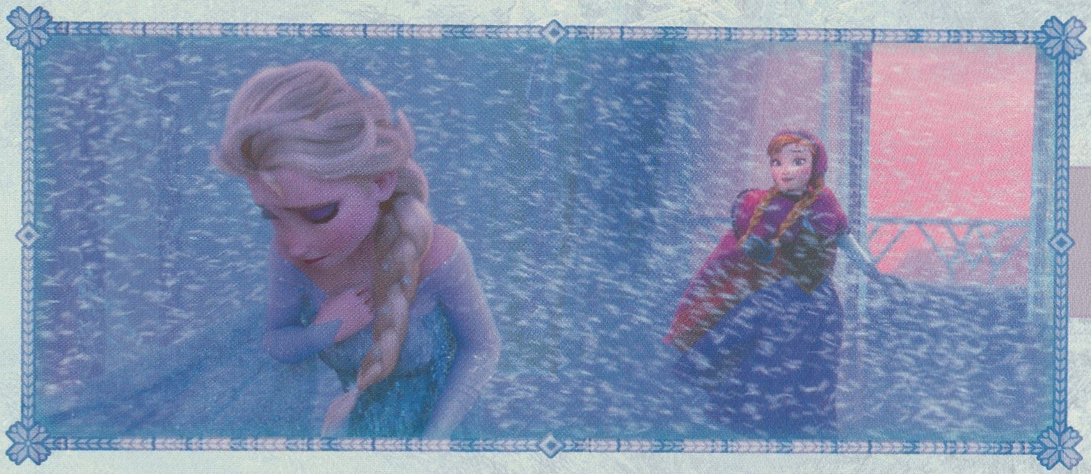

Elsa trifft Anna wieder versehentlich mit einem Eisstrahl.

Marshmallow wirft Anna, Kristoff und Olaf aus dem Eispalast.

Marshmallow

Frostige Zeiten

Ganz Arendelle liegt unter einer Schneedecke. Das Schloss ist eingeschneit, die Häuser sind vereist und die Brücken mit einer Eisschicht überzogen. Die Bewohner haben kein Holz mehr, um zu heizen. Auch das Essen wird knapp. So einen harten Winter gab es in Arendelle noch nie. Sogar der Fjord ist zugefroren. Das Eis hat die Schiffe eingeschlossen.

Kristoff bringt Anna zu seinen Freunden.

Grand Pabbie kann Anna nicht heilen.

Nur ein Akt der wahren Liebe kann Anna retten.

Pitzbühls Männer stürmen Elsas Palast.

Elsa erwacht in Ketten gefesselt im Kerker.

Sven galoppiert, so schnell er kann, mit Anna und Kristoff auf dem Rücken nach Arendelle …

… und auch Olaf begleitet die drei.

Um Anna zu retten, bringt Kristoff sie schnell zurück ins Schloss.

Der Verrat

Kristoff bringt Anna ins Schloss zu Hans. Nur ein Akt der wahren Liebe kann sie noch retten. Doch Hans zeigt, wer er wirklich ist. Er wollte Anna heiraten, um König von Arendelle zu werden. Anstatt Anna zu retten, sperrt er sie ein.

Endlich ist Anna bei Hans angekommen!

Hans zeigt sein wahres Gesicht.

Hans belügt die Gäste und verurteilt Königin Elsa zum Tod.

Kristoff sieht den Schneesturm über Arendelle und eilt zu Anna zurück.

Olaf rettet Anna vor dem Erfrieren.

Anna hat nun erkannt, wer sie wirklich liebt.

Wahre Liebe

Kristoff eilt nach Arendelle, während Elsa aus dem Kerker flieht. Doch Hans verfolgt Elsa und will sie töten. In letzter Sekunde stellt sich Anna vor sein Schwert und rettet Elsa. Mit diesem Akt der wahren Liebe hat Anna auch sich selbst erlöst. Elsa weiß jetzt, dass sie durch Liebe ihre magischen Kräfte kontrollieren kann, und zaubert den Sommer nach Arendelle zurück.

Kristoff und Anna suchen einander im Schneesturm.

Elsa glaubt, dass ihre Schwester nicht mehr am Leben ist.

Anna springt zwischen Hans und Elsa. Im selben Moment gefriert ihr Gesicht zu Eis!

Anna und Elsa erkennen, wie sehr sie sich lieben.

Olaf bekommt seine eigene Schneewolke.

Anna wirft Hans mit einem Faustschlag über Bord.

Anna hat eine Überraschung für Kristoff, …

… der Anna vor Freude herumwirbelt und sie endlich küsst.

Dieser Tag wird mit einem großen Fest gefeiert. Elsa zaubert eine Eisfläche und alle laufen Schlittschuh.

PARTY-FIEBER

Anna hat Geburtstag! Und alle möchten, dass es ein besonders schöner Tag wird. Denn viel zu lange musste Anna allein feiern. Mit ihren magischen Kräften zaubert Elsa alles für eine richtig tolle Party herbei. Doch dann muss Elsa kleine Schneemänner niesen. Ob sie ausgerechnet heute krank wird?

Elsa bittet Kristoff und Olaf auf Annas Torte aufzupassen.

Elsa weckt Anna.

Kristoff fängt die kleinen Schneemänner ein.

Anna kann ihre vielen Geschenke kaum tragen.

Als Elsa und Anna ins Schloss zurückkommen, erleben sie eine große Überraschung.

Elsa ruht sich aus, …

… während die kleinen Schneemänner ein neues Zuhause finden.

OLAFS ABENTEUER

Es ist Weihnachten in Arendelle. Die Schwestern laden zu einer großen Feier ins Schloss ein. Doch die Bewohner von Arendelle ziehen sich in ihre Häuser zurück, um ihren Traditionen nachzugehen. Nur Anna und Elsa können sich nicht erinnern, wie sie mit ihren Eltern Weihnachten verbracht haben. Da hat Olaf eine Idee: Er geht von Tür zu Tür und fragt die Menschen, wie sie das Fest feiern. Die gefundenen Traditionen will er den Schwestern schenken.

Anna und Elsa freuen sich auf das Weihnachtsfest.

Elsa ist traurig, weil Anna und sie keine Weihnachtstradition haben.

Olaf sammelt Weihnachtsbräuche.

Olaf fährt mit einem Schlitten voller Geschenke nach Arendelle.

Anna und Elsa suchen auf dem Dachboden nach Familientraditionen.

Sven ist ohne Olaf nach Arendelle zurückgekommen.

Anna und Elsa haben Olaf im Wald gefunden.

Es gibt verschiedene Weihnachtstraditionen.

Disney

Die Eiskönigin
Völlig unverfroren

Erlebe die fantastische Welt der Eiskönigin zusammen mit Anna, Olaf und ihren Freunden völlig neu. Mach dich auf eine abenteuerliche Reise durch die eisige Winterlandschaft, die Elsa mit ihren Zauberkräften erschaffen hat, und bring mit deinen Lieblingsfiguren den Sommer nach Arendelle zurück.

Die Tonspuren aus „Die Eiskönigin – Völlig unverfroren" und zwei Kurzfilmen machen die Original-Filmbilder im Buch lebendig. Mit dem tiptoi® Stift können die Kinder den Film neu erleben und in über 10 Spielen ihr Wissen testen oder lustige Aufgaben lösen.

„Ich werde nicht ohne dich fortgehen, Elsa."

Mit dem tiptoi® Stift anmelden und entdecken!

Audiodatei herunterladen:

Entweder mit dem **tiptoi® Manager** (Programm für PC und Mac, Internetverbindung und USB-Anschluss erforderlich)

oder mit der **tiptoi® Ladestation** (separat erhältlich, benötigt eine WLAN-Verbindung).

Mit allen tiptoi® Stiften spielbar.

tiptoi®
Das spielerische Lernsystem

Tippen, spielen, lernen!

tiptoi® macht Bücher und Spiele lebendig. Tippen die Kinder mit dem Stift auf Bilder und Texte, erklingen Geräusche, Sprache und Musik. Interaktiv und eigenständig tauchen die Kinder in spannende Welten ein. So macht Lernen richtig Spaß!

www.tiptoi.de

Text: Annette Neubauer
Soundproduktion: www.novosonic.com
Design: Serviceplan, ungestalt, brodesign

9 8 7 6 5
© 2022 · Ravensburger Verlag GmbH
Postfach 2460 · D-88194 Ravensburg
Printed in EU · ravensburger.com

FSC MIX Papier | Fördert gute Waldnutzung FSC® C111262 www.fsc.org

ISBN 978-3-473-49268-8
9 783473 492688
€ [A] 20,60
€ [D] 19,99